그대만큼
아름다운 시를 본 적 없다

서정문학 대표 시선 ● 14

그대만큼 아름다운 시를 본 적 없다

지은이 | 홍지민
펴낸이 | 윤송석
편 집 | 차영미
펴낸곳 | 서정문학
펴낸날 | 2012년 3월 30일
주 소 | 서울시 영등포구 문래동1가 39 센터플러스 910
전 화 | 02-720-3266 · 070-7760-3091
홈페이지 | http://www. seojugmunhak.com
http://cafe.daum.net/seojungmunhak.com
이메일 | sjmh1@hanmail.net
등 록 | 2007. 12. 18

ISBN 978-89-94807-09-6 03810
정가 10,000원

그대만큼 아름다운 시를 본적 없다

홍지민 시인 두 번째 감성시집

서정문학

시인의 말

작은 것에 감사하고 작은 것에 행복해한다고
마음마저 작지는 않습니다.
작은 일에도 크게 기뻐하고
작은 마음까지도 고마운 평범한 사내입니다.
사랑한다는 말이 목구멍까지 올라오고
심장이 터질듯해야 겨우 한마디 뱉을 용기가 생기고
사랑하느냐고 물으면 알면서 뭘?
하며 상대를 면박 주는 전형적인 경상도 남자입니다.
대신 상대를 기쁘게 해주는 방법을 알고
지는게 이기는 것이란 걸 알기에
포용하고 감싸고 그렇게 살아가지만
한 번 마음먹은 것은 끝까지 해야 직성이 풀립니다.
사람을 만나면 좋은 점은 배워서 내 것으로 만들고
안 좋은 점은 스스로 그물에 걸러
버려둠이 좋은 나름대로 생각이 건강하다고
믿고 있습니다.
사람을 좋아하고 사람들의 웃음을 좋아해
술도 자주 마시고 술이 필요한 사람 앞에선
마다치 않는 만용도 있습니다.
눈물이 많은 사람을 좋아하고
웃음이 아름다운 사람을 좋아합니다.
하늘을 좋아하고 가을을 느끼며 바다가 그리운
조금은 감수성이 예민한 면도 있습니다.
하루라도 면도를 하지 않으면
턱이 새카맣게 변하고 대충 생긴 얼굴이지만

어디 하나 불편하지 않고 건강하게 낳아주신 어머님께
감사하는 마음도 있습니다.
욕심도 많고 하고 싶은 일도 많아서
늘 자신의 삶에 도전을 던지고
더 나은 삶을 살아가려고 기를 쓰며
누구에게나 착한 사람은 되지 못하더라도
내 소중한 사람에게만큼은
착한 사람이 되려 노력하며 살아갑니다.
참 못된 사람이지만 나름 즐거운 삶을 알고
다른 사람에게 모질게 대할 때는
그보다 찬 바람이 없으면서
돌아서서는 혼자 가슴앓이를 하는 소심한
A형입니다.
잘 삐치지만, 화내지는 않고
소심하다는 말에는 그냥 웃어넘김을 아는
털털함도 있습니다.
한 사람을 지독히 사랑해서 죽을 만큼 울어도 봤고
남은 마음 다 주며 한 사람만 바라보고
평생을 살고 싶어도 그럴 인연을 만나지 못해
스스로 마음을 잠그고 살아갑니다.
상처 받을까 봐…, 혹은 상처 줄까 봐…
내 한 여자만큼은 누구보다 행복하게 해주리라
다짐 또 다짐하는.
지민이라는 이름에 어울리게 살고픈…
지민이답게 살고픈…
그런 사내입니다.

contents

1부 그대만큼 아름다운 시를 본 적 없다

2부 사랑한다는 것은

3부 그대가 그리운 날에는

4부 내 가장 소중한 이름에게

1부

그대만큼 아름다운 시를 본 적 없다

추억이라는 자리

사람들은 누군가와 살을 맞대고 살아가면서도
다른 누군가를 그리워하며 살아가곤 한다.
어린 나이에 만나
서로의 사랑이 아닌 것을 알고 헤어져야 했던
사람이든
현실이라는 벽 앞에서 그 아름다운 사랑을
지키지 못해

끝내 서로의 손을 놓고서
그리워하는 사람이든
그런 사람 하나 가슴에 심어둔 사람은
서로 저마다의 마음 한 켠에 그 사람을 심어두고
추억이라는 유리병에서 키운다.
추억이기에 더 자라지 못하고
꼭 그만큼의 크기만큼만 차지하고 살아간다.

살을 맞대고 살아가는 사람이든
다시 다른 사람을 사랑하는 사람이든
나이를 먹고 사랑이라는 것을 알게 된 이후로는
현재 만나고 있는 사람이 아무리 멋있고

아름다운 사람이어도
간혹 유리병 속에서 투명하게 빛나는 사람을
살다가 한 번은 꺼내보게 된다.

추억이 아름다운 것은
더 많은 자리를 차지하려 욕심을 부리지 않기
때문이며
유리병 속에서 변하지 않는다는
절대 조건이 따르기 때문이다.
어떤 불상사로 인하여
그 유리병이 깨어지거나
때가 타서 점점 속을 들여다보기가 힘들어지기
전까지는

제자리

물은 낮은 곳으로 흐르고
바람은 비어 있는 곳을 찾아 불고
빗방울은 간절한 생명에 목마름을 없애주고
낮에는 반드시 태양이 하늘에 살고
밤에는 별과 달이 함께 공유한다.
이처럼 생명이 없는 것들마저
알맞은 곳을 찾는다.
여우가 모래 언덕에 굴을 파지 않듯
황새가 땅에다 둥지를 틀지 않듯
물고기가 물 밖으로 나가지 않듯
사람이 가지고 있는 사랑도
아무 곳에서나 피어나지 않는다.
사랑할 만큼 사랑스러운 것에게
있어야 할 곳에서 피어난다.
내가 마음을 열어
사랑하는 것은
당연히 내가 머무를 가장 적당한
사람이기 때문이다.
네가 그런 사람이기 때문이다.

화장실

묵은 체증을 흘려보내다
묵직하니 내려간 찌꺼기가
한가득
어찌 그리 고약한 냄새인지
내 것이면서도 이마를 찡그린다.
콰르르
손길 하나로 깨끗하게 흘려보낸다.

그만 너도
그렇게 손길 하나로 흘려보냈음 좋을
지독한 그리움

욕심

어쩌면 아무런 말이 필요 없다고
그저 가만히 바라보고
조용히 미소 지어도
내 마음 그대 마음에 고스란히 담길 거라고

굳이 선행상을 받거나
악의를 보면 참지 못하거나
어려운 이를 성큼 도울 만큼 착하지는 않더라도
한 사람 앞에서만은 늘 착한 사람이 되기를

다 똑같은 사람이고
다 똑같은 만남 속에서 이루어진 사랑이라도
내 사랑만큼은 어느 누구보다 소중하고
아름답기를
그리고 나와 함께 사랑하는 사람 역시
나와 함께 그런 마음을 느끼기를

입맞춤에서 오는 설레임부터
얼굴이 붉어지는 작은 생리 현상까지가

모두 사랑임을
두근거리는 가슴과
마치 숨을 쉬듯 당연한 일상을 함께 나눔까지 사랑임을
그리고 그 모습 모두가 소중하기를

유성우를 보면서
만월을 보면서
소원을 빌 때면 세상의 욕심보다는
우리 두 사람의 사랑이 영원하게 해달라는
마음의 기도를 올리기를

두 사람의 팔 안에
두 사람의 가슴 안에 담을 수 있는 사람이
지금처럼 서로에게 딱 한 사람뿐이기를
바래봅니다.

더 행복할 것 같아요

하나의 우산을 함께 쓰고 걸어가는 공간을 허락한 것도 행복이지만
많이 젖는 어깨가 내 것이면 더 행복할 것 같아요.

그대가 내 오른쪽에 서든, 왼쪽에 서든 어느 쪽이든 상관없지만
차가 다니는 쪽에 내가 서게 된다면 더 행복할 것 같아요.

서로가 서로를 사랑하는 것만큼 고맙고 행복한 건 없겠지만
조금 더 아끼고 위하는 사람이 나라면 더 행복 할 것 같아요.

살아가면서 나누는 작은 일들과 소소한 일상을 함께 하고 늘 행복하면 더 바랄 게 없지만
그 작은 일상들을 내가 눈 감을 때까지 함께한다면 더 행복할 것 같아요.

아침을 열면서 그대 생각으로 하루를 시작함도

행복이지만
작은 전화 한 통으로 그대의 아침을 늘 내가
열어준다면 더 행복할 것 같아요.

친구들과 행복한 술자리를 가지고 즐거운 마음으로
나 좀 집까지 데려다 줄래요? 하고
부탁할 수 있는 사람이 있다는 거 참 행복한 일이지만
그 부탁을 들어주는 사람이 내가 된다 해도
더 행복할 것 같아요.

늘 반가운 번호에 기쁜 마음으로 전화를 받았는데
여보세요? 하기 전에 직접 노래를 불러주는
아름다운 마음 느끼는 거, 그대도 나 같으면
더 행복할 것 같아요.

내 이런 작은 마음 그대가 혹 알게 돼서 마음이
웃어준다면
더 행복할 것 같아요.
행복하기만 할 것 같아요.

함께

그대의 행복 안에 나를 담그고 싶습니다.
그대의 행복을 바라는 사람이지만
그 행복을 멀찌감치 바라보며
그대의 웃음을 슬프게 바라보는 사람은
아니되렵니다.

그대의 뒷모습을 지켜주고
그대의 일상을 함께 하는 사람으로
그대의 웃음을 마주하고
그대의 소소한 이야기 소리를
가벼운 고개 짓으로 대답하고
그대의 눈부처에 제일 가까운 사람이었으면 합니다.

그대를 바라보고
그대의 웃음소리를 전해 듣고
어느 하늘 아래 그대가 살아있음에 감사하다는…
그리고 어느 누군가의 아내가 되어
예쁜 아이를 낳고
그 사람의 찬거리를 만들기 위해
바쁜 걸음을 걷는다는

그대의 행복 속에서 멀어진 사람이 되어
그대의 행복을 함께 하지 못하고
바라만 보는 해바라기보다
함께 하늘을 보고
함께 식사를 하며
함께 이불을 덮는

그대의 행복 속에 함께 하는 사람이고 싶습니다.

그대 입술이 좋다

그대 입술이 좋다.

하얀 눈으로 만든 아이스크림을
한 입 베어 물듯
가슴 저린 그대 입술이 좋다.

손 꼭 잡고
두 눈을 감고
시원한 샘물 한 잔 마시듯
적셔지는 그대 입술이 좋다.

감은 눈 속에서
보라색 꽃이 피어나고
힘차게 달음박질한 것처럼
정신 못 차리는 심장을 만들어버리는
그대 분홍빛 입술이 참 좋다.

마냥
그대 입술만 마시고 살았으면 좋겠다.
그대 입술에 내 입술을 붙이고
평생 잠들고 싶다.

그대 없이 웃다

이제 웃을 수 있습니다.

이제 그대의 그늘을 떠나 웃을 수 있습니다.
여전히 그대가 좋아하는 시간에
그대가 좋아하는 향기에
그대가 좋아하는 것들을
따라 좋아하는 따라쟁이 일 뿐이지만
그대 내게 웃어주지 않는다 해서
웃지 못하는 나는
이제 아니랍니다.

그대 웃어주지 않아도
홀로 웃을 수 있고
그대 울어도 어찌할 바 몰라
더 아파하던 나는 이제 아니랍니다.

같은 하늘 아래 산다는 것을 고마워하는
그런 착한 마음으로 그대를 보냈지만
이젠 그대가 아니어도
행복하고 웃을 수 있는
웃음이 가득한 사람이 되었습니다.

나를 선택하지 않은 내가 사랑하는 사람

비오는 날은 빗소리를 들으라고 있는 게 아냐
비오는 날은 젖으라고 있는 거야.
우리는 비를 피하려고 태초에 굴을 찾았고
우산을 만들었지

비는
젖으라고 내리는 거야.
마른 대지에
목마른 이들에게 생명을 전해주는 생명인 거야.

연꽃잎에 맺힌 무지개도
거미줄에 맺힌 눈물도
선택해서 이루어진 사랑이 아냐

나를 선택하지 않았다고 해서
너를 사랑하지 못하란 법은 없어

비는 젖으라고 있는 거야.
소리를 듣고만 있는 건 바보 같은 짓이야.

사랑스러운 사람을 사랑하는 게
사랑해버릴 수밖에 없는 게
사랑하고 싶다고
선택한 것이 아니듯

난 빗속에 맨발로 땅을 딛은 것 뿐이야

마수걸이

늦은 세시
불국사에 올랐다.
길 한 켠에 할머니가 나물을 재어놓으셨다.
우리 외할머니 같아 한 번 쳐다보니

“일루와 마수하고가”

그 늦은 시간까지
아직 풀리지 않은 봄날에 추우실 텐데
마수도 못하셨나?
주머니 속 천원을 만지작거리다
주차장으로 향했다.

따뜻한 오뎅국물이라도 드시게
하나 사올 걸 그랬나?
후회 속에서

내 사랑은 언제 마수했나 씹어 본다.
어여 가져가라고
내 마음 너무 쉽게 넘긴 건 아닌지 곱씹어 본다.

마수했으니
또 하나 더 넘겨야지
헐값에 넘기지 않았는지
떨이라며 다 넘길 때까지
얼마나 넘겨야 하는지

얼마가 남든 떨이라며 네게 다 줄 테니
훌훌 털고 걱정 없이 사랑하고 싶다.
이별 없이 사랑하고 싶다.

인연의 끈을 놓는다는 것

다시는 그 따스한 사람의 체온을 느낄 수 없다는
것이다.
늘 품어왔던 그 작은 어깨를 더 이상 안을 수 없다는
것이다.
같은 하늘 아래 살면서
어쩌면 스치는 인연으로 지나가더라도
불편한 표정으로 지나쳐야 한다는 것이다.
그토록 사랑한다는 표현을 하면서 뜨거울 때까지
잡았던 전화기조차
듣고 싶은 목소리에도 차마 통화를 누르지 못하게
된다는 것이다.

햇살보다 눈부신 그 미소를 다시 볼 수 없게 되는
것이며
내 심술에 삐죽거리던 그 표정을 다시 볼 수 없게
되는 것이며
누구보다 먼저 나를 걱정해 주던 든든한 내 편이
사라지는 것이며
내가 뭘 좋아하는지 내가 뭘 싫어하는지 가장

잘 아는 사람이
내 곁에 없다는 것이다.

그 사랑스러움을 다른 사람에게 어쩌면 양보해야
하는 것이며
그렇게 기뻤던 시간들을 다시 다른 사람과 함께
나눌 수 있다는 것이다.
만나면서 먹먹한 아픔은
그 사람의 웃음 하나로 사라지지만
그 인연의 끈을 놓는다면
당신이 살아가는 순간순간 한 번씩
그 먹먹함을 안고 살아가야 한다는 것이다.

오늘 하루는

그런 하루였으면 좋겠습니다.

오렌지같이 새콤달콤한
하루였으면 좋겠습니다.
향수를 뿌리지 않았어도
은은한 향기가 친숙한
그런 하루였으면 좋겠습니다.

맑은 물같이 해맑은 그런
하루였으면 좋겠습니다.
좋은 사람과의 만남이 즐거운 그런
하루였으면 좋겠습니다.

"역시 난 행운아야"라고 말하며
어깨에 힘을 더 할 수 있는 그런
하루였으면 좋겠습니다.

생각나는 것이 무엇이든
답답하거나 짜증나지 않고
미소 머금을 수 있는 그런

하루였으면 좋겠습니다.

따뜻한 물에 샤워를 하고
잠자리에 누웠을 때
'행복했다' 라고 말할 수 있는 그런
하루였으면 좋겠습니다.

오늘

아침의 첫 햇살을 받아
기지개를 펴는 꽃처럼
바람이 실어다주는 꽃향기처럼
눈을 뜨면 어김없이
나와 함께 살아가는 그대의 하루

바쁜 일상 속에서도 문득 문득 떠올라
눈웃음 짓게 하고
괜히 다른 사람에게 반가운 인사 건네고
커피 한 잔 드실래요? 하며
기분 좋은 선심 쓰게 하고

전화기를 바라보고 폴더를 열어보고
통화 목록 확인하고
문자도 확인하고
띵동!
문자 알림 소리에는 볼 것도 없이
먼저 웃어버리고

마음에 드는 옷이며
마음에 드는 액세서리는
전부 내 것이 아니게 되고

분명 내 하루인데
나보다 더 바쁜 사람이 있는

당신

햇살이 찰랑 찰랑 넘칠 것 같은
해맑은 미소를 가진 당신
살짝 살짝 다녀가는 수줍은 파도처럼
살랑 살랑 흘러내리는 긴 머리를 가진 당신
엄마 몰래 훔쳐 먹는 눈깔사탕처럼
자꾸만 눈이 가는 고운 손을 가진 당신
갓난아이의 고운 애기 냄새처럼
맑고 맑은 마음을 가진 당신
하늘이 가져다준 깃털 구름으로
날개를 달아도 참 잘 어울릴 것 같은 당신
사박사박 작은 발걸음도 내면 안 될 것 같은
첫눈처럼 깨끗한 눈으로만 세상을 바라보는 당신
사랑을 고백하라고 들고 있는 꽃이 무색할만큼
꽃보다 아름다운 당신
머리부터 발끝까지, 마음 씀씀이 하나까지
도무지 안 예쁜 곳이 없는
완전 사랑스러운 당신

한 사람을 만나다

보고 싶어
라고 말하고 싶은 사람이 생겼다.
다 똑같은 벨소리에도
받으면 반가운 목소리가 생겼다.
살포시 손을 포개어
그 사람의 체온을 느끼고 싶은 사람이 생겼다.
웃는 모습을 가만히 지켜보며
그같이 함께 웃어보고 싶은 사람이 생겼다.

행복하게 만들고 싶은 사람이 생겼다.

그로 인해
나로 인해
누가 더 행복할까? 물으며
함께 손을 잡고 걷고 싶은 사람이 생겼다

난 사랑이 서툴러요

그대에게 욕심이 생겨요
그대 손을 잡고 싶고
그대 마음을 잡고 싶어요.
좋은 것을 보면 그대에게 선물하고 싶구요.
좋은 곳을 보면 그대와 함께 가보고 싶어요.

그대가 나만의 것이었음 좋겠어요.
그래서 그대가 내가 원하는 것을 해주지 않거나
내 생각과 달라서 내가 토라질 때
혹은 내가 그대를 그렇게 만들 때
처음 만난 날과 다른 오늘은
왜 그때랑 다를까 생각하는 것도
사랑이 서툴기 때문이에요

그대는 내가 사랑하는 사람이에요.
그대가 우는 것을 보기 싫고
그대가 아픈 것도 싫고
그대가 날 떠나는 것도 싫어요.

사랑에 서툴러서
그래서 그대를 아프게 해요
그리고 나도 아파하는 거에요.
미안해요
사랑에 서툴러서

하지만 말에요
서툴러서 그렇지
사랑에 거짓말은 하지 않아요.
그대에게 화를 낼 때나 토라져
전화를 받지 않아도
늘 마음은 그대에게 있어요.

미안해요
난 사랑이 많이 서툴러요

문득

문득 빗소리가 유독 크게 들리는 날이면
내 심장이 널 생각하며 뛰는 소리가 함께 들리는
걸 거야
문득 잠자리가 다른 때보다 포근히 느껴지는 날이면
내가 꿈결에 다가가 너를 안아주고 있는 걸 거야
어제와 같은 오늘이 문득 더 아름답게 느껴지는 날이면
너 없는 곳에서 말한 내 사랑이 네 눈에 닿았기
때문일 거야
아무런 이유 없이 행복하고 네 입가에 웃음이
떠나지 않으면
그건 네가 알듯 네 주위 사람들도 내 사랑을
알고 있기 때문일 거야
문득 네가 쬐는 햇볕이, 내가 맞이하는 바람이
따뜻하고, 시원하게 느껴진다면
그건 널 부르는 내 목소리가 네 심장에 닿았기
때문일 거야.
문득
너 스스로가 알고 있는 네 모습이 아닌 모습을
네가 느낄 때

어느날 문득
네가 어제와 다른 오늘을 느낀다면
그건 내가 너를 사랑하기 시작했기 때문일 거야

그리고 문득 네가 좋아하는 헤이즐넛이 아니라
모카를 즐기게 된다면 너도 나를 사랑하게 되었기
때문일 거야

사랑합니다

그대 내 운명이 아니라 하더라도
내 가슴은 그대를 원하고
그대를 잠글 열쇠가 내게 남아 있지 않다 하더라도
그대 하나만은 내 가슴에 남기고 싶은 마음
그게 사랑의 시작이겠죠

사랑을 시작하면서 이별을 먼저 염려하는
두려움조차도,
그 말 못할 가슴앓이조차도
밀어내고 싶어 하는 간절함을 그대는 모르겠죠.

하루 종일 전화기만 바라보며
그대가 느끼지 못하는 거리만큼을 그대만 생각하며
그대가 불편하지 않을 거리를 챙기느라
늘 두근 반 세근 반인 가슴을 그대는 모르겠죠.

내가 그대에게 해줄 수 있는 것은 지극히 적은편이겠지만
그 적은 것들이라도 그대 웃음을 위해
내 모든 것으로 다 해주고픈 그 마음
그대는 모르겠죠.

이미 오래 전에 그대를 사랑으로 열어
내 속에 지켜왔음을
그대가 미처 생각지 못하는 그 순간까지
나는 그대 하나로 살아감을 그대는 모르겠지요

그대가 다가옴을 겁내는 그 순간까지
난 그대와의 미래를 생각하며 행복해함을
그대는 정녕 모르겠지요
그대가 그대라는 것을
그대는 나와 같은 바보라서
진정 모르겠지요

내 눈물은 가슴만이 알고 있지

말하지 않는 슬픔은
끄집어내지 않는 눈물은
아무도 모르지
왜 내 눈물이 이슬을 닮았는지
왜 비가 내리듯 흐린 얼굴로
눈물을 받아 마시는지
내 가슴만이 알고 있지
내 눈물은 내 가슴만이 알고 있지

소금쟁이 미끄러지듯 볼을 어루만지는 눈물의
의미를
눈물의 목소리를
내 가슴만이 알고 있지
내 가슴만이 듣고
같이 울어줄 수 있지

그래서 더 슬픈 거지

그대만큼 아름다운 시를 본적 없다

사랑이
사랑을 부른다.

이미
그대로부터 시작된 사랑

그대와
그대와
그대가…

나는 여지껏
그대만큼 아름다운 시를 본적이 없다.

그대가 내 세계로 들어왔다

그대의 맑은 미소가 눈에 닿더니
이내 내가 가진 세계로 들어왔다.

그대는 거기 있는데
내 가슴에 또 하나의 그대가 살게 되더니
내가 팔을 뻗어 닿을 수 있는 거리에
늘 그대를 두게 되었고
내가 시선을 두는 곳 어디든
그대가 거기 있었다.

그대의 전화번호를
가장 많이 누르는 사람이 되었고
그대가 좋아하는 군것질 거리들을
가장 많이 사 먹는 사람이 되었다.

함께 영화를 보고
함께 길을 걷고
좋은 것들을 함께 하려는 욕심이 들며
아무것도 아닌 차 한 잔 마시는 일조차
그대와 함께 한다는 그 사실에 마냥 기뻤다.

그대를 나와 다른 공간에 두고도
내 시선이 다른 것을 보고 있어도
내 심장은 그대를 닮은 모습으로 뛰고
그대 웃는 모습을
내 가슴이 바라볼 때면
나도 덩달아 웃게 되었다.

그대가 내 세계로 들어왔다.

아니다.
내가 그대 세계로 허락도 없이 들어갔다는 것이
그게 더 맞는 말일 것 같다.

첫사랑

당신을 만나기 전에는
그 말이 무엇을 의미하는지도 모른 채
사랑하는구나, 사랑하기에
내 목소리가 열리는구나 생각했습니다.
가슴이 뛰기에
입술이 마르기에
사랑인 줄 알았습니다.

열아홉 어린 나이에
내가 더 많이 사랑한다
욕심을 부릴 만큼 철없는 마음에서 시작했던
사랑은
당신을 만나고
가슴 한 켠에 바다를 둔 것처럼
끝없이 깊다는 것을 알게 되었습니다.

사람의 가슴이 하늘보다 맑고 푸르며
넓은 것인 줄 미처 알지 못했습니다.
사랑은 단지 그 미소를 바라보는 것만으로

행복해서 눈물이 날 수도 있다는 것을
내가 이토록 한 사람을 사랑할 수도 있구나
진정, 사랑이 무엇인지
내 가슴이 처음 알게 되었던 사랑의 빛
당신 때문입니다.

손을 잡는 그 작은 몸짓에도
온 몸의 세포가 전부 손바닥에 있는 것처럼
크게 느끼게 만들어 준 당신

당신은 내 가슴속 바다입니다.

2부

사랑한다는 것은

a monologue

당신을 사랑하기 전에는
사랑의 다른 모습을 몰랐습니다

사랑은 내게 웃음을 주고
행복을 주며 삶이 즐거울 이유를 주는 줄만
알았습니다.
어느 날, 유난히 별이 반짝이거나
아이스크림을 들고 지나가는 아이의 웃음이
갑자기 사랑스럽거나
옷가게 진열장에 디스플레이가 된 옷을 보며
내가 아니라 다른 한 사람이 떠오르는
그냥 마냥 좋은 것인줄만 알았습니다.

하지만 사랑은
생선 가시가 목에 걸린 것처럼 답답하기도
눈물을 꾹꾹 눌러가며 밥숟갈을 입에 가져가야
한다는 것도
내가 좋아하는 것들이 아닌
다른 것들을 겪으며 입술을 깨물고
친구들을 불러내 안주 없는 술을 마시며

마신만큼의 술을 눈물로 쏟을 수도 있는
그런 것이었습니다.

미안하다는 말을 하지 않는 게 사랑이라지만
미안하다는 말로도 치유되지 않는 상처를
안겨주는 것 또한
사랑이었습니다.

바보사랑

밥은 먹었어?
어디 아프지 않고?
오늘 하루도 잘 지냈어?
내 생각은 많이 했어?
일일이 내가 챙겨줘야 하는 사람입니다.
내가 없으면 아무것도 못할 것 같은 사람입니다.
어린애처럼 내가 곁에서 감싸주고
보호해줘야 할 사람입니다.
그렇게 여린 사람입니다.
하지만
저는 그 여린 사람의 사랑 없인
단 하루도 못살 것 같은 바보 같은 사람입니다

호기심

손가락으로 개미 누르기
나비의 날개 잡기
잠자리의 꼬리를 실로 묶기
메뚜기의 뒷다리 떼기
작은 벌레를 잡아 거미줄에 던지기
매미의 배 눌러가며 울음 듣기

나쁜 짓이 무엇인지 알지도 못한 채
단순히 호기심만으로 내가 저질렀던
악행들

그들의 상처가 모인 것이
이별 후의 가슴!!

그리움

보고 싶음 어찌해야 합니까?
당신의 미소를
가슴이 먼저 기억하면
어찌해야 합니까?

바람 불듯 그렇게 가벼이 나타났지만
그 바람이 남겨놓은 생채기에
아픈 나는 어찌합니까?

그대 간절한 나는 어찌합니까?
지나는 말이라도
그대 어찌 지낸다는 말 한 마디에
웃고 울고 있습니다.
괜한 친구에게 말 한 번 더 걸어
그대 잘 지내느냐고
어깨 너머로 안부를 묻습니다.

오늘처럼 시린 가슴이면
나는 어찌해야 합니까?

여전히 그대도 나를 그린다는 착각 속에 빠져버린
이 못난 사람은
이 짙은 그리움을
이 어쩌지 못하는 그리움을
도무지 어떻게 재워야합니까

얼음이 말했습니다

얼음이 되고 싶다는 생각을 가져 본 적이 있나요?
내 모든 것이 전부 녹아버려
그 존재조차 인정받지 못하고 사라져가도
함께 하고픈 마음을 가진 적이 있나요?
당신이 좋아하시는 아이스 녹차 속에서 사라져가는
얼음이 나에게 말했습니다.
이대로 내 존재가 사라져도
너의 속에서 살아가고 싶다.
라구요.
내 존재가 사라진다 해도
당신 속에 남고 싶습니다.
흔적조차 없어져도 좋으니 천천히
당신에게 녹아들고 싶습니다.

익숙해짐

알람 소리에 눈을 뜨고
시계로 손을 가져가 시간을 확인했다
뭉기적거리다가
일어나야지
일어나야지 하며
다시 이불속으로 파고들다
놀란 토끼처럼 팔딱 일어나
세면을 시작한다.
자연스레 칫솔에 손이 가고
면도를 하고
머리를 감고 하루의 시작은 그렇게 변함이 없다.
생각 없이 몸이 익숙해져 있다.

그리고, 생각 없이 내 마음은 또 네게 가 있다
…
…

고마워

내 얼굴에 웃음이 한가득입니다.
꽃처럼 향기를 가지지도 않았고 누군가를 따스히
감싸 줄만큼 따스한 봄 햇살 만큼은 아니지만
사람들은
무슨 좋은 일이 있냐며 물어옵니다.
그 물음에 그저 미소만 지어주면
사람들은 금방 그럽니다.

네 얼굴에 사랑이 묻었다

편지

그대에게 편지를 쓰다
떨어진 눈물 때문에
파란 웅덩이가 생겼다.

문득
그대도
이렇게 흐릿해졌으면
좋겠다 싶었다.

이별의 밤

길을 가다 툭하고 부딪치더라도
그냥 서로의 얼굴만 빤히 쳐다보거나
혹은 부끄럼이 많아 얼굴만 붉히거나
아니면 기분 좋은 일 때문에
미안합니다 라고 먼저 인사를 할 수 있는
그저 그런 사이로밖에 마주치지 않았을
그러한 인연으로 밖에 살아갔을지도
모르는 사람들이

사랑이라는 울타리 속에서
서로를 알고
서로의 미소를 사랑하고
서로가 가진 것들을 나누며 함께하는 시간 동안
그 많은 사람들 중에 유독 내 하루를 함께 보내며
공집합을 많이 가지는 동안
그렇게 마음을 섞어가는 동안
함께 담은 것이 많아서 더 아픈
그런 사이가 되어버린 우리

그만큼 행복했으면서도

우리 그냥 모르는 인연이었으면
이처럼 아프지는 않을 텐데라는
참 이기적인 마음을 기르는
너무 아파 사랑이 아니기를 바라는

나눈 만큼의 마음은
스치듯 지나가며 툭하고 건드리는 그 작은 울림에도
찢어질듯
무너지듯
하염없이 깊어지고

아파도
아파도
너무 아픈 밤

너에게 하루였음 좋겠어

아침에 일어나
나를 만나는 일이 즐거운 사람이었음 좋겠어.
옷을 입을 때 평소보다 거울 앞에서
더 오랜 시간을 보냈으면 좋겠어.
그리고,
오늘은 무슨 옷을 입고 있을까?
궁금해 하면 좋겠어.
문득 문득 나의 시선을 의식해
행동이 더 커졌으면 좋겠어
웃음이 더 커졌으면 좋겠어.
내가 보이지 않으면
괜시리 기다리는 마음이면 좋겠어
장난스런 한 마디 말을 뱉으며
대꾸를 기다리는 그런 마음이면 좋겠어.
문자를 보낼까?
전화를 해볼까?
쪽지를 남겨볼까
그런 고민 속에서 애태우는 사람이면 좋겠어.
혹시 날 좋아하나?
라고 공주병도 가득했음 좋겠어

잘자라는 말 한 마디 건네지 않으면
왠지 서운했음 좋겠어

나처럼 널 보면
설레였음 좋겠어

그대를 처음 본 날

나는 오늘
신이 빚은
가장 아름다운 작품을 보았습니다.

나는 오늘
겨드랑이에 있어야 할 날개가
미소로 다시 태어난다는 것을
처음 알았습니다.

나는 오늘
누군가로 인해 내 자신이
맑게 태어난다는 것을 처음 경험했습니다.

나는 오늘
사랑스러운 사람이라고 다
사랑할 수는 없다던 스스로와의 약속을 어기고
사랑해 보고픈 사람이 생겼습니다.

당신에겐 햇살 냄새가 납니다

눅눅한 수건을
아무렇게나 말아 툭하고
방 한 구석에 던져 놓은 채
그것이 내 젖은 몸을 참 정성스레 닦아주던
고마운 것이라는 것도
미처 느끼지도 못 할만큼 바쁜 하루를 보내고
늦은 샤워를 하며
아침에 내 몸을 닦던 그 수건임도 모른 채
무심코 몸을 닦다
코끝에서 느껴지는
햇볕에 잘 마른 냄새처럼
그렇게 문득 문득
아무것도 아닌 듯 느껴지는 하나 하나가
참 반가운

당신은 내게 그런 사람입니다.

당신색

사랑은
한 가지 색만 가지고 있어요.
내가 선택한 색은 당신이에요.
나의 하늘은 당신이고
나의 햇살도 당신이에요.
내가 느끼는 바람도 당신이고
내가 부르는 노래도 당신이에요.
내가 좋아하는 색도 당신이 되었고
내가 바라는 행복도 당신이에요.

나는 당신이라는 색을 사랑해요.
당신의 웃음과
당신의 눈물과
당신의 지난 사랑 속에서 배운
그 사랑을 난 사랑해요.

햇살이 볼을 만지듯 그대 얼굴을 감싸고 싶고
냇물이 그대 발을 간질 듯
그대 발을 씻겨주고 싶어요.
바람이 그대의 시원한 미소를 부르듯
내 마음으로 그대 미소를 가지고 싶어요.

짝사랑

그대 옆에 가만히 서 본다
내 어깨는 그대 어디쯤 오는지

그대 웃음 가만히 바라본다.
내 마음은 그대 어디쯤 있는지

독백

잠자리가 날개를 비비는
그 작은 소리에도
내 마음엔 민들레 홀씨가 난다.

너의 웃음이 흘러
내 귓가에 닿고
내 눈부처 안에서
분홍빛 연꽃이 되어 필 때
난 너의 이름만 나지막히 부른다.

부족한 사람이라고
그저 그런 사람이라고
고맙다고 말하며
내 다가가는 발걸음에
살포시 한 걸음 물러나는 너의 그림자에게
물방울의 방문을 허락한
젖은 호수처럼 잠시 흔들린다.

두 걸음
세 걸음 물러나 그대의 웃음을 바라보다

아…

그대로 굳어버렸다.

그대에게 연 마음 그대로

사랑한다는 것은

사랑한다는 것은
참 예쁜 꿈을 꾸는 것과 같습니다.
아이처럼 마냥 즐거운
꿈인지 생인지 구분도 못할 만큼의 하루는
그저 깨기 싫은 꿈처럼만 느껴집니다.

뉴스를 틀면 온갖 어지러운 이야기가 가득한 속에서도
세상사 사는 거
그다지 쉬운 일도 아니면서
모든 게 내편이고 모든 게 내 것인 듯
자신만만해지는
사랑은 참 예쁜 꿈을 꾸는 것과 같습니다.

채도 높은 동화 속에서나 볼법한 풍경들이
내 시야에도 들어오고
비 내리는 날
그 찝찝한 발걸음도
작은 우산에 함께 어깨를 마주한다는 생각에
더 기다려지는
사랑은 깨기 싫은 참 예쁜 꿈과 같습니다.

그대에게 닿는 말

사랑합니다.
라는 말이
맑은 냇물처럼 흘러서
그대에게 닿기를 바랍니다.
바람이 실어다 줄만큼
가볍기를 원하지도 않고
별빛처럼 밝게 빛나기를 원하지도 않습니다.

아이를 위한 동화처럼
연초록 잎 하나의 운명처럼
그저 살랑 살랑 내 몸을 맡기어
기어이 그대에게 닿는
작은 시냇물처럼 맑기를 바랍니다.

너무 맑아 바닥이 보이듯 투명하게
티 하나 없이 맑음 그대로
그대를 사랑하고픔입니다.

인연일까?

어쩌면 그대와 내가 선택하며 살아온 길은
서로에게로 다가오는 길이었는지도 모릅니다.
그대가 만난 사람과
그대가 스친 풍경과
그대가 느낀 모든 것들도
당신이 나를 만나 처음 지어보던 그 표정까지도
우리는 어쩌면 서로를 만나기 위해
그 많은 것들을 선택하고
아파했나봅니다.

나를 아프게 했던 사람과
내가 아프게 했던 사람들
그리고, 그들에게서 배운 사랑은
그대라는 한 사람만을 위해
쌓아둔 하나의 저축일지도 모릅니다.

이 사람은 내 사람일까?
이 사람하고만은 이별하지 않을까?
이 사람이 남은 내 생을 함께 할

내 반쪽일까?
라며 만나온 사람들 속에서
인연일까?
라며 물음이 생기지 않은
그냥 있는 그대로의 모습만으로도
행복한 사람이 그대입니다.

서로의 이름을 이뻐하고
서로의 이름을 나지막히 부르면서
좋은 마음으로 시작한
그대와 나의 인연은 이제부터인가 봅니다.

LOVE OFF

사랑에
스위치가 있어서
켰다가 끌수 있었음 좋겠어
필요할 때마다
스위치를 올리고 사랑을 시작하고
사랑이 끝났을 땐
조용히 내려서
아프지 않았으면 좋겠어.

사랑을 시작하는 것도
끝내는 것도
내 마음대로 조절할 수 있으면 좋겠어.

부재중

미니 홈의 방명록을 닫았다.
내가 궁금해서 찾아오는 이
내게 마음을 전할 수 없도록
내게로 들어오는 길은 열려 있으나
나를 찾아와도
내 마음의 입구가 어디인지 모르도록
내 마음이 어딘지는 알고 있으나
찾을 수 없도록
찾아와서 함부로 내 맘에다
흔적을 남기지 않도록
마음을 닫듯
방명록을 닫아버렸다.

징검다리

다리가 놓여지지 않은 냇가를 건너기 위해선
징검다리를 건너야 합니다.
선택의 여지가 없이
바지를 걷고
냇물에나 몸을 맡긴 채 건너거나
한 발 한 발 폴짝 폴짝 뛰면서
한 칸 한 칸 딛어야 합니다.

그대라는 징검다리 위에 서기 위해서
그렇게 조심했건만
바지를 걷지않고
하나 하나 건넜던 그 징검다리에서
미끄러지지 않기 위해서 힘껏 발을 딛고
얼마만큼의 보폭이어야 하는지
얼마만큼의 균형을 잡으면
넘어지지 않는지
조금씩 배우게 되었습니다.

나는 바지가 젖는 것보다는
하나 하나 스스로 발을 딛기를 원했고

그렇게 건너
그대에게 닿았습니다.

그대를 만나기 전의 사랑을 지나
그 사랑속에서 다음 사랑을 어떻게 담아야 하는지
다음 징검다리는 어떻게 나가야 하는지를 배우고
마침내 그대에게 닿았습니다.

내 아픈 사랑은
내 이별들은
그대에게 닿기 위한
발걸음이었습니다.

이만큼 건너왔으니
잠시 쉬었다 건널지도 모릅니다.
어쩌면 점심도 여기서 먹고
잠도 예서 잘지 모릅니다.
어쩌면 평생 여기
그대에게 머무를지도 모르겠습니다.

3부

그대가 그리운 날에는

물음

세상의 어느 사막이 내 그리움보다
목마를까요?
밤하늘의 어느 별이 내 사랑보다
반짝일까요?
하늘 아래 어떤 꽃이 그대만큼
기분 좋은 향을 품을까요?
세상의 어느 시냇물이 그대 미소만큼
맑을까요?
그 어떤 다리가 우리가 건넌 인연의 다리보다
아름답고 고귀하고 소중하며
값진 모습으로 세상을 살아갈까요?
이 세상 또 어떤 사람이 내 마음을 이렇게
하나 가득 가져갈 것이며
이 세상 다른 어떤 사람이 나만큼
그대를 아끼며 사랑할까요?

그 어떤 바다가
서로가 서로를 바라보며 말하는
사랑해보다 아름다운 이름을 가질까요?

어떤 그리움

문득 문득
그리운 사람이 있습니다.
참지 못하고 왈칵 눈물을 쏟아내게 만드는
참 어이없는 사람이 있습니다.
단지 사랑할 뿐이라고
아직,
나는
나만은
아직 사랑을 멈추지 않았다고
그래서 그렇다고 마음에게 위로를 건네지만
잘 뜨던 밥 숟가락을 멈추고
기어이 무언가를 목 안으로
꿀꺽
삼키게 만드는 사람이 있습니다.
아직 사랑해서
그보다 내 마음에게 더 미안하게 만드는
그런 그리움이 있습니다.

당신 2

당신
참 사랑스러운 사람인 거 알아요?
당신은 당신이 거울을 보며
이쁜 표정을 짓는 것보다
폰을 가지고 셀프 놀이를 할 때보다
스스로가 알고 있는 것보다
더 이쁜 웃음을 짓는다는 거 알아요?

당신
당신은 스스로가 생각하는 것보다
더 괜찮은 사람이고
더 매력적인 사람이란 거 알아요?
가만히 바라보다
즐겁고 행복해서
한 번 꼬옥 안아주고 싶은 사람인 거 알아요?

늘 당신에게 예쁘다 예쁘다
하고 바라보지만
실은 당신이 짓는 웃음보다
당신의 마음에 더 반한 거 알아요?

작은 것 하나에 감사하는 큰마음을 가지자고 그러는데
이미 당신은 당신도 모르게
그렇게 살아가고 있는 거 알아요?

당신
사랑을 믿지 못한다고 하지만
누구보다 사랑이 필요한 사람인 거 알아요?
당신…
참 강하다고 생각하지만
금방이라도 툭 눈물을 흘릴 것 같이
맑은 눈을 하고 있는 거 알아요?
그리고, 누구보다 사랑스러운 마음인 거 알아요?

당신
당신이 알고 있는 스스로의 가치보다
백만배는 더 빛나는 보석이란 거 알아요?
당신이 당신 삶을
얼마나 많이 채우려고 하는지
늘 부족하다는 당신의 지금 삶이
한 사람에게는 얼마나 예쁜지

노력하는 그 모습이 얼마나 고마운지
알고 있나요?

비를 싫어하는 당신이지만
당신,
비와 참 잘 어울린다는 거 알아요?
살찐다고 매일 다이어트 한다고 노랠 부르지만
맛있는 것을 먹을 때
당신이 얼마나 행복한 표정을 짓는지 알아요?

당신의 웃음이
당신의 이쁜 표정이
당신의 이쁜 마음이
내게 참 귀한 선물이 되어
나 스스로가 빛을 내기 위해
더 많이 노력한다는 거 알아요?

당신으로 인해
한 남자가 더 멋있는 사람이 되어가고 있다는 거
알아요?

당신을 만나고부터
난 최고가 되어야겠다
욕심이 생긴 거…

알아요?

그대가 그리운 날에는

그립다는 마음이 드는 것은
추억이라는 이쁜 보석 상자를
안고 살아간다는 뜻입니다.
굳이 기억하려 애쓰지 않아도
내 삶의 일부가 되어
나와 함께 살아가는 생의 한 부분이
맑게 웃고 있다는 것입니다.
보고픈 사람 보고플 때
내 두 눈에 담지 못하는
그런 시간 속에 살아가더라도
혹 그런 현실에 미어지는 가슴이어도
어디선가 나와 다른 삶으로 살아가며
그도 나와 같이 나를 그리워 할지 모르는
그런 시간들을 함께 나누었던 사실만으로도
차라리 고마워해야겠습니다.
그가
내 바람처럼 나를 그리워하지 않으며 살아간다 하여도
내게 그리운 마음이 있어
늘 촉촉하게 나를 적신다 하여도

아무 이유 없이 웃을 수 있는 내가 있도록
그리움 심어준 사람에게
차라리 고맙다 해야겠습니다.

내가 그토록
누군가를 사랑할 수 있다는 것을 가르쳐준
그를 향한 그리움이 있다는 것도
그를 사랑한 한 부분이라는 것을
굳이 말하지 않으며 살아갈 수 있도록

그리운 날에는
참지 않는 그리움을 택하겠습니다.

그대와의 사랑은

그대와의 사랑은
구름 위를 걷는 것과 같고
그대와의 사랑은
마치 처음 느껴보는 설레임인 것 같고
그대와의 사랑은
지금껏 겪어보지 못한 다른 세계를 사는 것 같고
그대와의 사랑은
내가 변한 모습에 어머니가 제일 많이 놀라시는
기적과 같습니다.

서른살의 내가 이제야 내가 된 것 같고
마음을 그리다 잠든 눈물과 같습니다.

집으로 들여보낸 뒤의 발걸음은
마치 내 심장이 뚜벅 뚜벅 나를 등지고 걷는 것 같아
멀어질수록 아려오며
가까이 다가와 손 잡으면
마치 갓 태어난 아기처럼 모든 게 새로워옵니다.

그대와의 사랑은
내가 지금껏 알지 못한
전혀 새로운 것들로 충만한
진실로 나다운 사람이 되는 것 같습니다.

기적

서로가 같은 시대에 태어나
같은 공간에서 살아간다는 것
그렇게 많은 사람들 중에서 서로를 발견했다는 것
같은 동성으로 태어나지 않아
바라보는 시선이 따뜻해도 괜찮다는 것
누군가 먼저 좋아해서
가슴앓이로 시작할 수도 있는 만남인데
같은 마음으로 함께 시작했다는 것

그리고,
죽을 때까지 내가 더 많이 아끼고
조금 더 사랑할 것 같은 느낌이
자꾸만 커지는 것

당신이 얼마나 그립냐구요?

하루를 24시간으로 쪼개고
1시간을 60분으로 쪼개고
1분을 다시 60초로 쪼갠
그 마디 어디에도
당신이 비어 있는 곳은 없습니다.

빙산의 일각

빙산은
바다에 잠겨 있는 그 크기가
눈에 보이는 것과는 달라
빙산의 일각이라 부른다.

…

아프다…
라는 짧은 말만 뱉어내도
내 가슴은
깊이가 보이지 않는다.
도무지…

내 서른 한 번째 계단에서

내가 처음 딛은
서른 한 번째 계단에서 하늘을 만났다.

붉은 장미보다 더 붉은
해바라기를 꿈꾸는 아이를 만났다.
붉은 잎을 가진 해바라기를 묻자
저녁노을을 사랑하는 거란다.

그 발칙함이 어여뻐
머리를 쓰다듬었다.
그 하늘은
그제서야 품고 있던 햇살을 꺼낸다.
환하게 눈부시게 미소 짓는다.

아주 늦게 알아버렸습니다

사랑이 아닌 줄 알았던
사랑이 있습니다.
같이 있는 편안함이
사랑은 아닐 거라 믿었던 시간이 있습니다.
함께 걷고
함께 먹고
함께 잠을 자는 것만이
전부가 아닌
또 다른 무언가가 있을 것만 같아
사랑을 기다리며
사랑을 두었던 시간이 있었습니다.

가슴이 설레어
오랫동안 운동도 않고 살다가
어느 날 하프 마라톤에라도 참가한 사람의 심장처럼
터질듯 내 가슴이 뛰어야만
그 사람이 별처럼 빛나 보여야만
누군가가 울려주길 바라는 종소리가 들려야만
그래야만
사랑인 거야

라며 한 사람의 곁에 머물렀던 적이 있습니다.

그림자 같은 그 사람이
공기 같은 그 사람이
마치 편한 친구처럼
자연스레 내 삶이던 그 사람이
내겐 피터팬의 그림자처럼
숨을 쉬지 않고는 살 수 없는 것처럼
아주 친한 친구라도 곁에 없음에는 그리움이
쌓이는 것처럼
그 사람과 나의 삶이 더해져
하나의 삶이 되어버렸다는 것을
너무 늦게 알아버렸습니다.

선인장이 되어 그 사람을 콕콕 찌를 때
나를 만났으면서
상처투성이가 되어서도
나를 지켜준 그 사람이
내가 가장 깊이 사랑한 사람인 줄
아주 늦게 알아버렸습니다.

너를 꿈꾸다

어쩌면 너를 사랑으로 만나고 싶었는지 모른다.
너의 맑은 눈동자를
나만 바라보게 만들고 싶단 생각을 했다.
잘자라는 인사를 건네고
밥 챙겨먹으라는 잔소리를 하고 싶었나 보다

서로가 떨어져
전화를 사용하는 일이 어색하지 않은
발신자 번호 표시로 전화 벨이 울리면 누군지 알게 되어
왜? 라고 물어도 그냥… 이라는 말이 자연스러운
그런 사람이 너에게 되고 싶다

아끼고 아껴 최후의 최후까지
내가 사랑한다는 마지막 말을
죽을 때까지 너만을 사랑하겠다는 말을 참으며
내 마음의 비겁한 뒷문을 만들어
먼저 도망가는 일이 생기더라도
짧게라도 너를 사랑으로 만나고 싶었나 보다

나와 남은 생을 함께 살아
내 손을 꼭 잡을지도 모르고
내 생의 한 부분을 꼭 잡아
추억으로 남을지도 모르지만
그저 너를 한 번만
사랑하고 싶은가 보다.

이름

부르면 아련한 이름이 있다.
부르면 눈물이 먼저 똑,
하고 떨어질 것만 같은 그런 이름이 있다.
세상에서 가장 빛나는 사람이었고
가장 밝은 사람이었다.
내게는 누구보다 따뜻한 사람이었고
누구보다 포근한 눈빛을 가진 사람이었다.

불러보면
가슴 저 깊은 곳에서부터 먹먹해지는 이름이 있다.

그가 잘라낸 가슴에서
새 살이 돋아나고
아물만큼의 시간이 흘렀을 법도 한데
아직은 조그만 틈이 남았는지
살짝만 건드려도
소스라치게 놀라는
그런 이름이 있다.

그리움 2

그리움의 무게는 천근이나 된다.
그러니 그리움을 담은 마음이
늘 무겁지.
보이지 않는 것이 어찌 그리
무거울 수 있냐고 물을 수도 있지만.
그대 묻기 전에
그리움을 들어본 적 있는가?
아련하게 다가오는
누군가를 그리워하는 마음이
편할 날이 있었는가?
그리워 잠을 못 이루고 뒤척이는 것은
그리움이 가슴을 누르기 때문인 것을

사람이 날지 못하는 것은
가슴에 그리움을 둬서이다.

슬픔을 위한 기도

우리네는 누군가에게 우스갯소리로
여름이 왜 더운 줄 아니?
하고 물어봅니다.
지구가 태양에 가깝다든지
자전축의 기울임이라든지
그런 이유를 늘어놓노라면
으레 대답은
바보, 겨울이 있기 때문이야.
추위가 있으니 덥다는 것도 느낄 수 있는 거야
하는 대답이 들려오는…
우스개 이야기가 있습니다.

우리는 슬픔이 찾아와 아는 척을 하노라면
한없이 작아지고
쓸쓸해 하며
벗어나려 애를 씁니다.
그러나 한 가지는 알아야합니다.
겨울이 있기에
여름의 더위를 알듯이
슬픔이라는 건

우리가 행복을 느꼈던 기억이 있음을
가르쳐주는 고마움이라는 걸…

그대가 무겁다

눈물 속에서 이제 그만 나를 꺼내려고 했다.
그런데 나를 잡고 있는 그대가
너무 무겁다.

도미노 게임

니가 떠남으로
사랑이 무너지고
웃음이 무너지고
가슴이 무너지고
행복이 무너지고
하늘이 무너지고
시간이 무너지고
내가 무너지고

가난한 이가 되고 싶다

가진 것 다 나눠주고도 더 줄 것 없음이
안타까운
마음이 가난한 이가 되고 싶다.
빈곤에서 오는 쪼들림이 아니라
가진 것을 모두 내어줘
더 줄 게 없음이 안타까운 가난한 이가 되고 싶다.

음정 박자를 신경쓰며 불러도
노래 한곡에 최선을 다하는 모습이
함께한 이들에게 웃음이 되는
목소리가 가난한 이가 되고 싶다.
음치라는 병을 앓아도
내 노래 소리에
웃는 사람이 많고
즐거운 사람이 많은 가난한 이가 되고 싶다.

사랑하는 사람과 함께라면
길가 포장마차에서 함께 떡볶이를 먹는
작은 군것질에도 행복할 수 있음을

몇 천원으로 함께 배를 채울지언정
그 사소함을 소중히 여기는
가난한 이가 되고 싶다.

늘 가난해서
더 채우고
더 채워가는
그렇게 비워진 사람이고 싶다.

가을

바람이 책장을 넘기고 지나갔다.

바람도
지혜로워지고 싶은가 보다.

가을바람

가을바람 휑하니 가슴에 불다

등골부터 시리더니
그래 바람이 다녀갔나 보다.
얼마나 시린 바람이기에
혼쭐이나 눈물까지 흘렸다.

그런데
그 가슴에 다녀간 바람은
사람 얼굴을 닮았다.

소주 한 잔

그리움 한잔에
너를 잊을까 하다
오히려 잠들어 있는 시간들까지
깨워버렸다.

지글 지글 고기 구워
지인과 즐거운 시간인데
술잔을 비울수록
마주한 사람보다
그대 얼굴이 더 선명하다.

한 사람에 한 병씩
그렇게 세월을 비우고
그리움을 비우고
남자에게 상처라는 그 시간을 비우고
걸음을 옮기는데
조금은 비틀거리는 내 걸음이 우습기도
즐겁기도 하다.

잔을 따라보면
조금은 부족할 때도
너무 과해서 정이 넘칠 때도 있는 것처럼
그대 생각 역시
너무 잊고 사는 것 아닌가 미안하기도 하고
이젠 생각하지 말아야지 고개를 흔들고 싶을만큼
간절히 그립기도 하다.

소주 한 잔 비울 때마다
삼키는 것은 오히려 그대
그대와 함께 한 시간들

사랑이 그리 좋은가 물었던 시간들
사랑이 그리 좋더라 말할 수 있게 된
추억들

그대를 사랑하고 싶습니다

맑은 눈 고운 마음에
내 마음 담아두고 싶습니다.
웃는 모습이 참 해맑은 그대에게
기대고픈 어깨이고 싶습니다.
맑은 하늘이 푸르른 날이면
하늘을 담아 그대에게 선물하고 싶고
비오는 수요일이면
뛰쳐가 그대에게 장미 한아름과
내 사랑을 전하고 싶습니다.
좋은 영화가 나오면 함께 팝콘을 먹으며
감상하고 싶고
좋은 노래가 나오면 CD를 선물하거나
배워서 전화기 저편에서 듣고 있을 그대에게
불러주고도 싶습니다.
당신이 자주 가는 곳에
나 역시 발걸음을 두고
주인아저씨, 아주머니께서
참 잘 어울린다는 너스레를 떨 때까지
문턱이 닳도록 다녀보고도 싶습니다.
사람들의 발자국이 끊이지 않는

어느 포장마차에서
함께 재잘거리며 먹는 떡볶이며
군것질들도 행복이라 말할 수 있으며
처음 손을 잡기위해
두근거리는 가슴도 느끼고 싶습니다.
그대가 기뻐할 것을 생각하며
마음담은 선물도 하나 준비해 보고 싶습니다.

당신은 내가 그렇게 즐거운 상상을 하며
사랑하고픈
그런 사람입니다.

뫼비우스의 띠

누군가가 그랬습니다.
어떤 슬픈 일을 겪었길래
그렇게 슬픈 눈을 하고 있냐고
말하지 않았습니다.
그냥 웃어주었습니다.

누군가가 그랬습니다.
내게 선인장 같다 했습니다.
정말 선인장처럼 가슴을 꼭꼭 닫고
눈물이 많은 것을 숨기는 것 같다고
다가가려고 하면 참 많은 가시를 보여준다고
그래도 난 웃어주었습니다.

누군가가 그랬습니다.
자기를 사랑하느냐고
그 순간 당신이 생각나 난 아무런 말도 못했습니다.
그리고,
당신이 그러했듯이
누군가의 눈을 보며
아니라고 말하고 말았습니다.

그 누군가의 눈이
예전 나처럼 젖어갔습니다.
나도 당신처럼
아무렇지 않게 그 눈을 바라보았습니다.

함께

그대의 행복 안에 나를 담그고 싶습니다.
그대의 행복을 바라는 사람이지만
그 행복을 멀찌감치 바라보며
그대의 웃음을 슬프게 바라보는 사람은
아니 되렵니다.

그대의 뒷모습을 지켜주고
그대의 일상을 함께 하는 사람으로
그대의 웃음을 마주하고
그대의 소소한 이야기 소리를
가벼운 고개 짓으로 대답하고
그대의 눈부처에 제일 가까운 사람이었으면 합니다.

그대를 바라보고
그대의 웃음소리를 전해 듣고
어느 하늘 아래 그대가 살아있음에 감사하다는…
그리고, 어느 누군가의 아내가 되어
예쁜 아이를 낳고
그 사람의 찬거리를 만들기 위해
바쁜 걸음을 걷는다는

그대의 행복 속에서 멀어진 사람이 되어
그대의 행복을 함께하지 못하고
바라만보는 해바라기보다
함께 하늘을 보고
함께 식사를 하며
함께 이불을 덮는

그대의 행복 속에 함께하는 사람이고 싶습니다.

4부

내 가장 소중한 이름에게

내 가장 소중한 이름에게 1

내 키가 하늘만큼 자랐으면 해
별도 달도 다 따다 주고 싶은 내 마음처럼
하늘의 모든 걸 다 네게 줄 수 있게

내 지갑이 마르지 않는 샘물처럼
많은 돈을 가지고 있었으면 해
내 키가 하늘만큼 자란대도
별을 따려는데 주인이 나타나면
값을 지불하고 가져올 수 있게

내 눈이 이슬처럼 맑았으면 해
별을 따고 네게 가지고 가는 동안
그 맑은 별빛 흐려지지 않게
내 눈 속에 꼭꼭 담을 수 있게

내 마음이 네게 꽃이었으면 해
날 생각할 때면
언제나 수줍은 몽우리로 고개를 숙이고
가끔 쓰다듬으며 손길 줄 때는
방긋 웃으며 예쁜 향 풍길 수 있게

난 내가 하나님이었으면 해
그래서, 너를 지켜보면서
너를 슬프게 하는 것들
너를 기쁘게 하는 것들을 골라
네게 행복만 가려줄 수 있게

그렇지만 난 무엇보다 네가 사랑하는 나였으면 좋겠어.

내 가장 소중한 이름에게 2

짧은 인연이지만 어느새 내 삶 깊숙히 다가온
그대를 바라봄은
내게 희망이며 삶입니다.

그대 내 속에 있어주어 감사합니다.

모래알처럼 흩어지기 쉬운 인연의 끈을 내밀었을 때
행여 그대 잡아주지 않으면 어쩌나 가슴 졸이던
소풍을 기다리는 아이의 설렘 같던 마음이
비둘기를 쫓아 뛰어다니는 아이의 발걸음처럼
가볍게 되었습니다.

사랑합니다.
차마
그 말 한 마디가 무거워
속으로 꼭꼭 참다가 몇 천 번을 갈고 닦아
뱉어냄을 아시는지
그대

긴 밤
그대 생각으로 별보다 더 하얗게 밤을 지새우며
잠들어 있을 그대를
가만히 내 가슴에 두어봅니다.

내 희망
내 삶이여
부디 아프지 마시고
오래 오래 저의 곁에 머물러
행복하시기를
이 사람
많이 부족하지만.
그대 행복해 눈물 흘리도록
그 눈물이 값지도록 노력하며 살겠습니다.
시작보다 더 아름다운
지킴으로 사랑하겠습니다.

내 가장 소중한 이름에게 3

당신은 내게 봄이 되었습니다.
새싹이 나고 모든 것들의 시작을 알려주는
봄이 되었습니다.
당신을 위해 조금 더 나은 미래를 꿈꾸며
사랑이 시작됨을 알려주는
당신은 내게 봄이 되었습니다.

당신은 내게 여름이 되었습니다.
시원한 바다가 그리워지고 푸르름 가득한
여름이 되었습니다.
당신의 사랑이 그리워지고 설레임 가득한
당신은 내게 여름이 되었습니다.

당신은 내게 가을이 되었습니다.
떨어지는 낙엽에 까닭 없이 슬퍼지고 수확의 계절인
가을이 되었습니다.
당신의 사랑에 까닭 없이 눈물이 흐르고 행복을 얻은
당신은 내게 가을이 되었습니다.

당신은 내게 겨울이 되었습니다.
하얗게 눈덮힌 세상이 아름답고 따뜻한 아랫목이 그리운
겨울이 되었습니다.
하얗게 사랑으로 덮힌 마음이 아름답고 따뜻한 당신
이 그리운 당신은
내게 겨울이 되었습니다.

내 가장 소중한 이름에게 4

그대와 나 하늘이 맺어준 인연을
가벼이 여기지 않고
생을 다해 그대의 사람이 되겠습니다.
어둠이 내리는 날에
그대의 사랑으로 나를 깨웠으니
하늘과 땅에 맹세합니다.
오직 내 사랑은 그대밖에 없으며
다시 태어나 새로운 연을 받아들일 때
그대를 찾아 못다한 사랑을 다하겠노라 맹세합니다.
그대만을 사랑만 하며 생을 다하고
내 모든 걸 그대에게 드림으로
이미 나란 존재는 그대를 더하여야 완전한 존재가 되도록
한 조각 인생 그대의 그림자가 되겠습니다.
그대 영혼의 아픔까지 사랑하여 내가 삼키겠습니다.
하늘이 맺어준 연으로 그대를 사랑합니다.

오빠

여동생 없이 막내로 자라
오빠라는 부름에
익숙치 않았다.

첫사랑이라 기억하기보다
난생 처음
오빠라 불러준 이름을 기억한다.
왠지 보듬어 주고 싶고
만난 것 사주고
조금은 더 양보해야 할 것 같은 이름

내가 좋아하는 햇살 냄새 같고
장미꽃 한 다발 보다 더 기분 좋은 선물

입술을 오물거려 나를 부를 때 마다
심장이 쿵
반하면 안되는데
반하면 안되는데

굳게 잠긴 마음을 아주 쉽게 열어버리는
마법 열쇠

내 가장 소중한 이름에게 5

바람아
그냥 스치지만 말고
그녀의 향기를 내게 전해주고 떠나렴.
눈물이 날만큼 그리운 향기를 내게 안겨주렴
별들아
내게 비치는 영롱함만큼
그녀의 눈동자에도 빠져보렴
맑은 호수에서 노니는 것보다 더 큰 황홀함을
얻을 테니.
네 빛보다 더 찬란한 아름다움을 느낄 수 있을 테니.
눈물아
너무 쉽게 흐르지 마렴.
사랑하는 그녀의 웃음에 반해 너무 많이 나를
떠나지 마렴.
행복에 겨워 태어남은 알겠으니 그녀가 걱정하지
않게 꼭꼭 숨어 있으렴.
사랑아
너무 쉽게 나를 가지려 하지 마렴.
난 너의 소유도 노예도 아니란다.
단지 그녀에게서 널 느끼고 바랄 뿐이란다.

그러니 넌 나를 너무 쉽게 생각지 마렴.
장미야
니가 아름답다고 너무 뽐내지 마렴.
너는 아직 한 번도 그녀의 향기를
눈동자를, 입술을 가까이 하지 않았잖니?
너의 가시보다 더 다가가기 힘든 위엄이 가득한
그녀를 알지 못하고서 니가 최고라는 생각은
그만 접어두렴
하늘아
세상 모든 것을 다 덮은 것처럼
내 그리움도 덮어줄 수 있겠니?
그녀만을 위해 살아가는 내 가슴에 커다랗게
비어있는 자리를
네가 간직한 구름을 잠시 빌려 내 그리움을
잠재울 수 없겠니?
그대야 내 마음속에 머무른 것처럼 내 곁에도
있을 수 없겠니?
단지 그대가 있는 것만으로도 이렇게 행복한데
가까이,
나의 사람이 되어 주지 않겠니?

내 가장 소중한 이름에게 6

화려하고 뜨거운 불같은 사랑보다는
티 내지 않고 조용히 흐르는 시냇물 같은 사랑을
하겠습니다.
배짱이의 화려한 울음소리 같은 사랑보다는
부지런함으로 쉬지 않는 개미의 근면함 같은 사랑을
하겠습니다.
토끼처럼 서둘러 많은 것을 얻으려 하기보다는
거북이처럼 조심조심 사랑을 위한 사랑을 하겠습니다.
태풍 앞에서도 굽힐 줄 모르는
그래서 결국 꺾이는 고목의 고집보다는
바람에 이리 저리 고갤 숙여도 다시 제자리로
돌아올 줄 아는
갈대 같은 부드러운 사랑을 하겠습니다.
두 마리 토끼를 얻으려는 사냥꾼처럼 많은
욕심이 아닌
한 우물을 파는 정성으로 사랑을 하겠습니다.
금, 은 도끼를 얻으려했던 거짓 가득한 나무꾼보다는
쇠도끼 하나라도 만족하고 남의 것을 탐하지 않는
정직한 나무꾼처럼
정직한 사랑을 하겠습니다.

천만 번의 보석 빛을 발하는 달콤한 몇 마디의 말보다
신선한 새벽 공기처럼 가슴으로 느낄 수 있는
사랑을 하겠습니다.

내 가장 소중한 이름에게 7

얼마나 행복할까?

내 몸에 흐르는 피의 전부를 뽑아
너의 꽃병에서 피어날 수 있는
한 송이 장미로 만들 수만 있다면…

내 뼈의 마디 마디를 깎아
너의 피아노 위를 장식할 수 있는
조그만 조각 인형으로 만들 수만 있다면…

내 살 한점 한점을 태워
네가 걸어가는 길에 뿌려져
너의 걸음 걸음에 묻어날 수만 있다면…

내 몸의 수분을 눈물로 흘려
빗줄기가 되어 네 방 창에
내가 왔다고 두드려 볼 수만 있다면…

어디선가 타고 있을 내 생명의 불꽃을
한 순간의 재로 만들어 이름 없는 별 하나로

너를 지켜줄 수 있게
다시 태어날 수만 있다면…

그러나 그대는

나는 그대 하나 편히 쉬어갈 수 있는
작은 그루터기가 되고 싶었습니다.
그러나 그대는
내 모든 걸 담을 수 있는
하늘이 되어 주었습니다.
나는 그대 아픔 정도는 씻어줄 수 있는
눈물 한 방울이 되고 싶었습니다.
그러나 그대는 내가 가진 아픔 모두를 담을 수 있는
바다가 되어 주었습니다.
나는 그대만을 사랑하는
순수한 사람이고 싶었습니다.
그러나 그대는
이미 내 주위의 모든 것을 사랑하는
내 연인이 되어 주었습니다.
나는 그대에게만은 부족하지 않은
사람이고 싶었습니다.
그러나 그대는
세상 전부와도 나를 바꾸지 않겠다고
말해주었습니다.

나는 그대 위해 희생할 수 있는
한 자루 초가 되고 싶었습니다.
그러나 그대는
가진 것 모두를 내게 전해주고
이미 아무것도 남아 있지 않았습니다.

당신을 좀 더 일찍 만났더라면

때로
같은 추억이기를 바라는 사람도 있다.
그 사람의 추억 속에 내가 살기를 바라는 사람도 있다.
왜 태어나면서부터 서로의 인연이 닿지 않아
그 사람의 고운 추억 속에 내가 들어가지 않게 되었는지
슬퍼하는 사람이 있다.

그가 되새기는 추억 속에라도 살고 싶음이
사랑이라고 생각하는 사람이 있다.
그렇게 아련히
사랑이란 걸
하는 사람이 있다.

그가 곱씹는 삶의 향기에 취해
추억을 삼키는 그의 눈망울 속에
다른 사람의 자리로
내가 들어가 있음을 상상하며
행복해 하는
그러면서
그의 추억에

앞으로 살아갈 그의 추억에
난 아무것도 아니란 걸 알면서
찢어지는 가슴을 말 못하는 사람이 있다.

그의 추억에라도 살면서
사랑하고 싶은 사람이 있다.

내 가장 소중한 이름에게 8

그대에게 맹세합니다.

바다를 가슴에 담그겠습니다.
사랑을 퍼주고 또 퍼주어도
마르지 않도록
바다를 가슴에 담아 두겠습니다.
초를 닮은 마음을 배우겠습니다.
어둠 속에서 나를 태우며
빛을 전해주는
초처럼 다른 이를 위해 살아가겠습니다.
별과 같은 사람이 되겠습니다.
사람들에게 기쁨을 주며
살아가는
웃음이 되는 별과 같은 사람이 되겠습니다.
소금이 되어 보겠습니다.
필요 없을 듯 필요 없을 듯 하면서
누구에게나 꼭 필요한
소금이 되어 보겠습니다.
산소와 같이 살아가겠습니다.
고마움을 모르는 사람들에게도

베풀 줄 아는

산소와 같이 살아가겠습니다.

내 가장 소중한 이름에게 9

그대가 숨을 쉬는 공기가 되어 살아갑니다.
그대가 가져야 할 행복이 되어 살아갑니다.
그대를 더 아름답게 할 미소가 되어 살아갑니다.
그대의 아픔을 닦아줄 수 있는 눈물이 되어 살아갑니다.
그대가 좌절하지 않도록 희망이 되어 살아갑니다.
그대에게 꿈을 전해주며 내일이 되어 살아갑니다.
그대가 다른 사람을 생각하는 따뜻한 마음이 되어 살아갑니다.
그대가 아름다운 세상을 볼 수 있도록 맑은 눈이 되어 살아갑니다.
그대가 지켜야 할 생명이 되어 살아갑니다.
그대에게 필요한 건강이 되어 살아갑니다.
그대가 비겁함에 굴하지 않을 용기가 되어 살아갑니다.
그대가 귀히 여기는 약속이 되어 살아갑니다.
그대를 따르며 항상 지켜주는 그림자가 되어 살아갑니다.
그대가 많은 사람들에게 사랑 받을 수 있도록 매력이 되어 살아갑니다.
그대가 신뢰받는 사람이 되도록 믿음이 되어 살아갑니다.
그대가 사랑하는 내가 되어 살아갑니다.

소유

당신의 말투가 내 것이 되었다.
당신의 버릇이 내 것이 되었다.
당신이 좋아하는 것들이 어느새
내게 들어와
내 것이 되었다.

그런데 당신은
내 것이 아니게 되었다.

내 가장 소중한 이름에게 10

말없이 사랑함을 배우겠습니다.
멀어지면 멀어지는 그대로 가까우면 가까운 그대로
사랑하겠습니다.
화냄을 탓하지 않고
부족한 내가 되지 않길 바라며
단지 당신이 이 세상에 존재하는 이유만으로
당신을 사랑하겠습니다.
항상 같은 곳에 서서
아름다운 당신의 맵시에 흠이 나지 않게
가슴앓이마저 과분한 행복으로 여기며
사랑하겠습니다.
베토벤에게 살아가는 이유인 음악처럼
당신에겐 꼭 필요한 사람으로
하지만 존재치 않는 듯 당신을 사랑하겠습니다.
욕심을 비워 깨끗한 마음으로
당신에게 조금의 바람도 없이
순결한 사랑을 하겠습니다.
온유한 그대 눈빛이 가끔 나를 마주할 때면
수줍음에 고갤 숙이며 사랑하겠습니다.

내가 품은 모든 사랑을
그렇다고 넘침으로 그대에게 부담을 주지 않을 착한 사랑을
당신을 위해 사랑하겠습니다.
하늘을 안듯이 조용히 넓은 가슴으로
잠든 그대 모습에 취해 사랑하겠습니다.
변하지 않음으로
꿈속에서도 그댈 잊지 않고 사랑하겠습니다.

내 가장 소중한 이름에게 11

나는 너무 맑아 눈물이 날만큼 아름다운 하늘을 사랑합니다.
나는 잡초라 해도 마다하지 않고 날아 앉는 나비의 순수함을 사랑합니다.
나는 회색빛 도시의 밤거리를 무지개빛으로 물들이는 네온싸인을 사랑합니다.
나는 사랑하는 사람들에게 많은 행복을 주는 꽃들을 사랑합니다.
나는 아무렇게나 뿌려진 듯 하지만 나름대로의 전설을 가진 별들을 사랑합니다.
나는 살아가는 것 자체가 아름다운 사람들을 사랑합니다.
나는 오르면서 흘린 땀을 닦은 뒤에야 볼 수 있는 산 아래 풍경을 사랑합니다.
나는 삼키지 말아야 할 것까지 삼켜버리는 바다의 무모함을 사랑합니다.
나는 변할 줄 모르고 태어난 그대로 살아가는 바위의 불변을 사랑합니다.
나는 변함없는 바위를 깎아 자신의 혼을 불어넣는 조각가의 열정을 사랑합니다.

나는 많은 것을 사랑합니다.

더불어 내 생애에서 가장 사랑스러운 당신을 사랑함 또한 잊지 않습니다.

내 가장 소중한 이름에게 12

바람이 불어옵니다.
어쩌면 그녀의 볼을 어루만지고
그녀의 숨결을 실어
내게 왔을지 모릅니다.
바람이 지나갑니다.
어쩌면 내 입술을 훔치고
내 숨소리 실어서
그녀에게 다가갈지 모릅니다.

햇살 하나가 부서집니다.
어쩌면 그녀의 사랑스런 눈빛에 부서지고
그녀의 사랑에 물들어
내게 떨어지는지 모릅니다.
햇살 하나가 부서지고 있습니다.
어쩌면 내 사랑만큼
곱게 부서져
그녀에게 눈이 되어 떨어질지 모릅니다.

빗방울이 떨어집니다.
어쩌면 그녀의 슬픔을 담고

그녀의 눈물도 섞인 채
나를 부르며 떨어지는지도 모릅니다.
빗방울이 떨어지고 있습니다.
어쩌면 그녀의 아픔을 씻어주고 함께하길 바라는
내 마음을 실어
떨어지고 있는지도 모릅니다.

그녀가 사랑하는 사람이 있답니다.
어쩌면 내 사랑을 눈치 챈 그녀일 수도 있고
스스로의 선택이 만들어낸 다른 사람일지도 모릅니다.
사랑하는 사람이 있다 말했습니다.
그녀는 내가 사랑하는 사람이 자신인지도 모른 채
축하한다며 이쁜 사랑하랍니다.

우리는 사랑하는 사람이 있습니다.

내 가장 소중한 이름에게 13

내가 꽃이 되어 네게 가도
네가 또 다른 내가 되어주지 않으면
나는 생명의 기쁨과 존재의 행복조차 모르고
피어난 향 없는 조화에 머무를지 몰라
내가 하늘이 되어 네게 가도
네가 또 다른 내가 되어주지 않으면
나는 낮이 있다는 것과 아이들의 웃음소리조차 모른 채
캄캄한 밤하늘로 남게 될지도 몰라
내가 새가 되어 네게 가도
네가 또 다른 내가 되어주지 않으면
나는 날개를 가지고도 날지 못하고 하늘의 넓은
품을 알지도 못하는
새장 속의 새로 밖에 살아가야 될지 몰라
내가 물방울이 되어 네게 가도
네가 또 다른 내가 되어주지 않으면
나는 함께 하는 공동의 생활과 다른 것을 이해하는
마음을 갖지 못한
장마철 한 때 스쳐 지나가는 빗방울이 될지 몰라
내가 빛이 되어 네게 가도
네가 또 다른 내가 되어주지 않으면

나는 줄 수 있는 따스함과 내가 가야할 길도 모른 채
거울에 반사되어 돌아오는 허무밖에 배울 수
없을지 몰라
내가 있는 그대로의 모습으로 네게 가도
네가 또 다른 내가 되어주지 않으면
네가 나를 사랑해 주지 않으면
나는 그저 사막의 모래 바람에 쓸려 다니는
모래알이 되어버리는 게 낫다고 생각하게
될지도 몰라

내 가장 소중한 이름에게 14

내 입술이 장미가 되었으면
그래서 네 입술을 맞이할 때
장미향으로 네게 기억되었으면

내 눈망울이 별이 되었으면
그래서 너의 눈망울 속에 내 눈망울이 비칠 때
별빛으로 반짝이게 되었으면

내 마음이 천국이 되었으면
그래서 내게로 너 들어올 때
한없는 행복을 느끼게 되었으면

내 손이 구름이 되었으면
그래서 내 손을 잡았을 때
하늘을 나는 기분을 느낄 수 있었으면

내가 너의 모든 것이 되었으면
그래서 세상과 나를 선택하게 되었을 때
서슴없이 나를 선택해 주었으면

내가 너의 거울이 되었으면
그래서 나와 함께 있을 때
또 다른 너의 모습으로 있을 수 있었으면

보고 싶다는 말 안에 그대가 있다

보고 싶다는 말 안에
그대가 있다.
아직 우리의 연이 끝임을
머리든
가슴이든 믿지 못하는 것인지
문득 문득 그대 떠오를 때면
차라리 아픔보다
미소가 피어난다.

어디서나 그대 미소
여전히 사랑스럽게 나를 보며 웃어주고
그대 뚱하던 표정 하나에
여전히 행복하다.

서로 달리 살아온 시간이 많아
손을 놓고도
예전처럼 달리 살아도 아무렇지 않을거라 믿었던
바보같은 마음은
후회 속에서 잡지 못하는 인연의 끈을 보며
어디서든

네가 묻어있는 자리들을 찾아다닌다.

보고 싶다는 내 말에는
언제나 그대가 있다.

時

붉은 선을 그리며
바다 위 해가 떠오르듯
스멀 스멀 가슴 한 켠에서
잠자던 마음 하나가 떠오른다.

꽃처럼 피기도 하고
별처럼 반짝이기도 하고
하늘처럼 푸르기도 하다.

시냇물처럼 졸졸 거리는 소리가 들리기도 하고
피아노 소리처럼 또로롱 노래하기도 하고
아이 웃음처럼 꺄르르 웃기도 한다.

선인장처럼 나를 찌르기도 하고
바람처럼 내 머리칼을 쓸기도 하고
생선가시처럼 목구멍이 따갑기도 하다.

사랑을 해서 그렇기도 하고
시를 읽어서 그렇기도 하고
문득 지난 시간이 생각나서 그렇기도 하다.

엄살

이런 적은 없습니다.
단 한 번도 없습니다.
세상이 너무 아름다워 보입니다.
하루라도 그대를 느끼지 않으면
심장이 멎을 것 같습니다.
이럴 거면서
그동안 그대 없이 어떻게 살아왔는지
참 신기합니다.
그대 없이 못살 거 같은데
지난 시간 동안 어떻게 살아왔는지
참으로 신기합니다.
아마도
그대를 만나 사랑하려고
그 동안 용케도 살아왔나 봅니다.
그런가 봅니다.

글로 그리는 그림

그림을 잘 그리고 싶은데
마음만큼 표현할 수 없어
글로 그림을 그립니다.

펜이 붓이 되어
나무도 그리고
꽃도 그리고
나비도 그려봅니다.

사랑하는 사람의 얼굴도 그릴 수 있고
내 마음도
그 사람의 마음도 그려집니다.

파랗게 적고 보니 하늘이 되어 있고
넘실 넘실 적고 보니 물결이 되어있습니다.
보이는 것도
보이지 않는 것도 그릴 수 있으니
좋고
적어둔 내 그림과

읽는 사람의 그림이 다르다는
특징도 생기지만

누구나 가질 수 있고
세상에 하나 밖에 없는 그림이어서
더 좋습니다.

같은 그림을 적어도
어제 다르고
오늘 또 다릅니다.

종이에 적었는데
머리에 가슴에
멋진 그림이 남았습니다.

그리고 가끔
음악도 들려옵니다.

사랑

머리가 하는 것은 기억이고
가슴이 하는 것은 추억이라 했다.
내 생에 남은 날들 중
오늘이 가장 젊은 날이라 해도
내 생의 어느 한 부분에 있는
그리운 시간으로 산다.

가슴이 말하지 않아도
누가 거들지 않아도
까만 구름 사이 햇살 하나가
먼저 땅을 딛듯이
그렇게 어느샌가
그리운 시간으로 산다

당신에게

당신이 세상의 중심입니다.

남 죽음이
내 고뿔보다 못하다는 말
괜히 나온 말이 아닐 테지요.

스스로의 선택이었거나
스스로의 의지와는 상관 없이
주어진 삶의 아픔이거나

누군가 위로를 하고
누군가 당신을 걱정하더라도
결국 이겨내야 하는 것은
당신입니다.

살고 싶어서 눈물 흘리는 아픈 사람도 있고
가족에게 작별 인사도 못하고
떠나가는 사람도 있습니다.

당신이 죽는다고 해서
세상이 바뀌는 건 없습니다.

여전히 해는 뜨고
아픈 시간이 지나면
당신을 기억하는 사람들은
다시 웃으며 살아가기도 합니다.

죽으려는 마음으로 살아간다면
못 할 일이 뭐 있을까요?
알지도 못하면서 그런 소리 말라구요?
나도 당신처럼
내 삶을 정리하려 하던 때가 있었답니다.
그것도 아주 어린
열 일곱의 나이에.

살아보세요 일단
다시 깨어나고
나 역시 사랑도 해보고

꿈도 꿔보고
웃기도 하면서 살아왔으니

지금 그 순간만
이겨내란 말 안할 테니
참아보세요.

참는 자에게
복이 있답니다.

바람

잃을지 몰라 시작 않겠다는 사랑
평생 그 미소를 바라볼 수 없을 것 같아
마음조차 열 수 없을 것 같다는 사랑

아무리 작은 존재라도
지금 받는 것만큼의 마음만이라도
그렇게 평생 곁에 있고 싶은 마음에

단 한 번 주어지는
한 사람에게만 주어지는 행복을 거부하는
그 바보 같은 사람이

내가 사랑하는 사람만은 아니기를